Vente du Mardi 7 Avril 1885

TABLEAUX

PAR

Eugène Petit

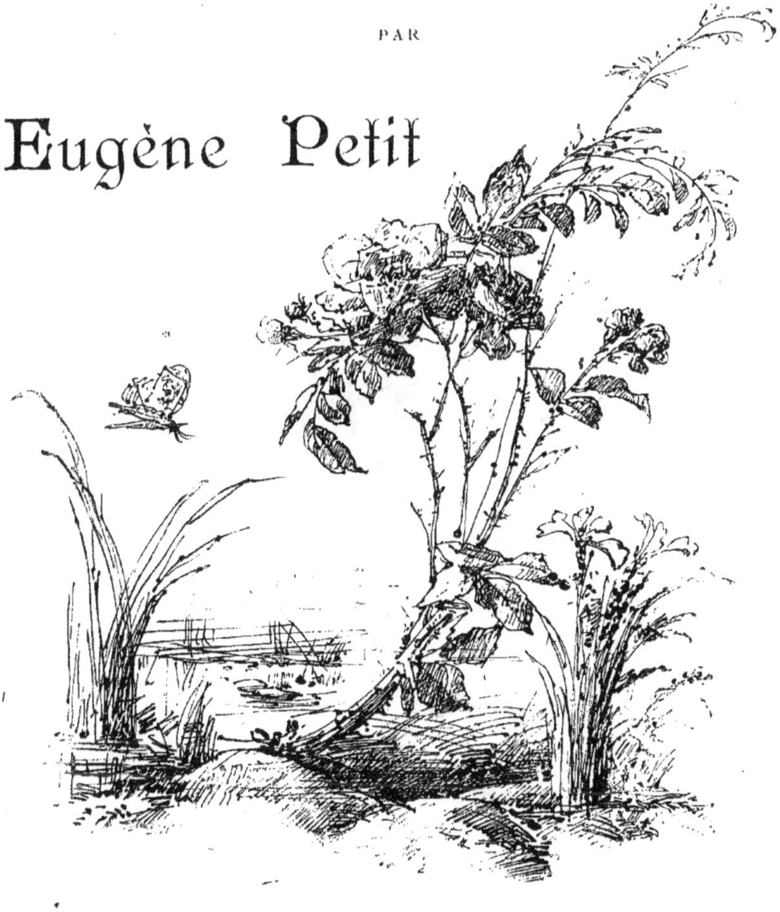

<table>
<tr><td>COMMISSAIRE-PRISEUR</td><td>EXPERT</td></tr>
<tr><td>Me Paul CHEVALLIER</td><td>M. Georges PETIT</td></tr>
</table>

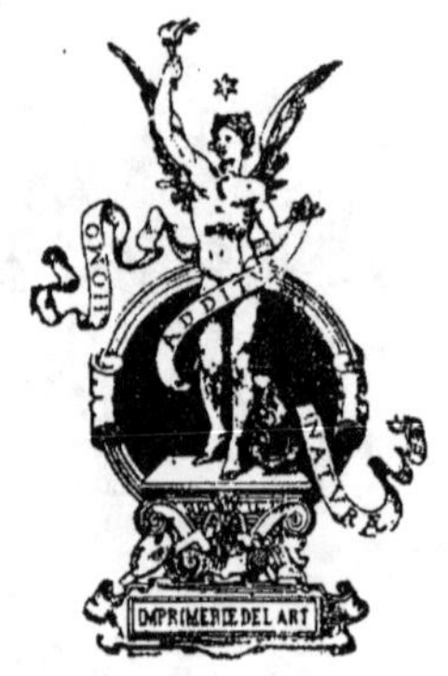
HONO
ADD
NATVR
IMPRIMERIE DEL ART

CATALOGUE

DE

TRENTE-CINQ TABLEAUX

PAR

EUGÈNE PETIT

DONT LA VENTE AURA LIEU

HOTEL DROUOT, SALLE N° 8

Le Mardi 7 Avril 1885

A TROIS HEURES ET DEMIE

<table>
<tr>
<td align="center">

Mᵉ P. CHEVALLIER

COMMISSAIRE-PRISEUR

10, rue Grange-Batelière, 10

</td>
<td align="center">

M. GEORGES PETIT

EXPERT

12, rue Godot-de-Mauroi, 12

</td>
</tr>
</table>

Chez lesquels se trouve le Catalogue.

EXPOSITION PUBLIQUE : Le Lundi 6 Avril 1885

DE UNE HEURE A CINQ HEURES

CONDITIONS DE LA VENTE

La vente aura lieu expressément au comptant.

Les acquéreurs payeront en sus des enchères *cinq pour cent* applicables aux frais.

Paris. — Imp. de l'Art, E. Ménard et J. Augry
41, rue de la Victoire.

EUGÈNE PETIT

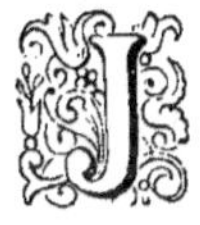'étais un matin chez le peintre Armand Frêret, qui fait un peu le commerce des tableaux.

Entre un marchand qui examine quelques toiles appuyées l'une contre l'autre.

— Oh ! les jolies fleurs ! s'écrie-t-il en rencontrant un épais bouquet où le rouge flamboyait, où le blanc et le rose avaient des transparences inouïes. Combien ?

— Pas cher. Sept cents. Vous vendrez aisément ce tableau-là douze cents francs.

— Je le prends. De qui est-il ?

— D'Eugène Petit.

A ce nom, le marchand laisse retomber des châssis sur la toile.

— Non, dit-il, je ne le prends pas. J'irai chez Petit la veille du terme et il m'en donnera un pareil pour quatre cents francs.

Chaque fois que mes yeux ont le plaisir de rencontrer un bouquet de Petit, je me rappelle cette histoire trop significative. Oui, la chose est réelle : c'est le peintre lui-même qui, plus artiste qu'homme d'affaires, a donné à ses toiles, surtout en de certaines heures, des prix indignes d'elles. Si la vente à laquelle nous convient MM. Paul Chevallier et Georges Petit était, ce que je déplorerais, une vente après décès, la salle 2 de l'hôtel Drouot ne serait pas assez grande pour tous les amateurs et marchands qui viendraient se disputer à prix d'or les dernières œuvres de Petit.

Quel sera le résultat de la vente du 13 avril ? Il y a lieu de l'espérer très beau. Il sera toujours, et de beaucoup, au-dessous de la valeur artistique de ces délicieuses toiles qui feront faire, bouquets charmants, fruits exquis, de si bonnes opérations à leurs acheteurs. Pour la première fois de la vie, on placera de l'argent sur des fleurs.

Un jour, il y a de cela longtemps, Eugène Petit était au palais de Fontainebleau, dont la décoration lui avait été confiée.

L'impératrice vient à lui.

— Mon peintre, lui dit-elle en lui tendant un album, je vous fais concurrence. Donnez-moi donc votre avis sur les fleurs que je viens de peindre.

Petit descend de son échelle, prend l'album, cligne de l'œil et, de sa voix de Parisien de Montmartre :

— Ça, des fleurs ! s'écrie-t-il. C'est DU ZINC.

Et l'impératrice, très gaie alors, de se tordre de rire, puis de se sauver pour aller dire à ses invités :

— Mes fleurs ! mes fleurs... qui sont du zinc !

Petit, en effet, qui aurait autant de succès que Mᵐᵉ Madeleine Lemaire, s'il était femme, mais qui ne se pique pas du tout d'être homme du monde, respecte plus les fleurs que les impératrices. Il a surpris le secret des lilas, des pervenches et des roses. Il ne les reproduit qu'avec ce velouté si délicat qui est leur chair. Il les peint, pour ainsi dire, avec de l'air et des parfums.

On lui a déjà reproché de ne pas les faire à la loupe. Il répond : « Quand on a le nez sur un bouquet, on ferme les yeux... »

Il veut qu'on regarde ses fleurs comme on les regarderait dans un jardin, dans un salon, à une distance respectueuse, aveuglé qu'on est par la rutilance des tons.

Il les a peintes avec franchise, en pleine pâte, pressé de les saisir dans leur éphémère beauté, jaloux d'en rendre surtout l'adorable expression.

En Eugène Petit, qui a quelque peu des allures de gavroche, il y a un poète ineffable qui nie peut-être l'âme humaine, mais qui comprend l'âme des fleurs.

Il faut rendre justice à tous. Notre coloriste n'est pas de ces méconnus qu'on a besoin de révéler, de commenter, de protéger. Bien d'autres l'ont apprécié.

A l'Exposition universelle de 1867, il avait déjà une médaille d'argent comme coopérateur des Gobelins. Il n'était alors âgé que de dix-neuf ans.

Depuis, il a eu aux diverses expositions de Paris, de Lyon, etc., six médailles d'or. Il n'y a pas besoin de dire qu'au Salon il ne passe plus devant le jury.

Il a eu d'autres succès d'artiste. C'est lui qui a décoré l'hôtel de ville de Lyon, les préfectures de Versailles, de Tours, la salle à manger du palais de l'Élysée, les hôtels particuliers de MM. Denière, Camondo, Froment-Meurice, André, de Mme So-mier, etc.

Il serait millionnaire s'il était moins artiste.

Peu lui a importé jusqu'à ce jour de gagner de l'argent. Il veut d'abord être content de lui, per-dant son temps à recommencer jusqu'à ce qu'il ait fixé son rêve, achetant chaque matin de nou-veaux modèles, très coûteux en hiver.

Le commissaire-priseur et l'expert chargés de
la vente seront hommes d'affaires pour lui. Espé-
rons que la vacation qui va s'ouvrir l'indemnisera
de ses efforts et que les fleurs qui vont être mises
aux enchères lui permettront de redevenir poète,
pour le charme de tous.

CHARLES CHINCHOLLE.

DÉSIGNATION

TABLEAUX

1 — *Lilas dans un vase japonais.*

> Haut., 1 m.; larg., 78 cent.

2 — *Roses dans un vase bleu.*

> Haut., 75 cent.; larg., 5o cent.

3 — *Fleurs des champs; plein air.*

> Haut., 87 cent.; larg., 63 cent.

4 — *Nature morte.*

Pêches et melon d'eau dans un vase bleu.

Haut., 76 cent.; larg., 58 cent.

5 — *Roses et lilas dans un vase d'argent.*

Haut., 61 cent.; larg., 41 cent.

6 — *Table du jardinier.*

Esquisse du tableau qui est au musée de Gand.

Haut., 78 cent.; larg., 62 cent.

7 — *Roses dans un vase de cristal.*

Haut., 53 cent.; larg., 36 cent.

8 — *Panier de roses.*

Haut., 68 cent.; larg., 48 cent.

9 — *Nature morte.*

Huîtres et crevettes.

Haut., 60 cent.; larg., 49 cent.

10 — *Roses dans un vase en faïence de Rouen.*

Haut., 78 cent.; larg., 49 cent.

11 — *Hotte de fleurs.*

Esquisse du tableau qui est au musée de Saint-Étienne.

Haut , 71 cent.; larg., 52 cent.

12 — *Pivoines et bluets dans un vase en porce-laine de Chine.*

Haut., 97 cent.; larg., 78 cent.

13 — *Nature morte.*

Pêches, poires et vase bleu.

Haut., 48 cent.; larg., 39 cent.

14 — *Vase en faïence de Rouen, sur un plat d'or.*

Haut., 53 cent.; larg., 36 cent.

15 — *Roses tombées à terre, auprès d'un panier.*

Haut., 58 cent.; larg., 44 cent.

16 — *Fleurs de pommier tombées à terre.*

Haut., 40 cent.; larg., 26 cent.

17 — *Lilas et roses.*

Haut., 53 cent.; larg., 36 cent.

18 — *Branches d'oranger.*

Haut., 33 cent.; larg., 26 cent.

19 — *Fleurs diverses dans un vase.*

Haut., 52 cent.; larg., 27 cent.

20 — *Pavots dans un vase d'argent et raisins sur un plat d'or renversé.*

Haut., 71 cent.; larg., 53 cent.

21 — *Roses dans un vase.*

Haut., 53 cent.; larg., 36 cent.

22 — *Fleurs dans un panier.*

Haut., 71 cent.; larg., 52 cent.

23 — *Grappe de raisin tombée à terre.*

Haut., 33 cent.; larg., 26 cent.

24 — *Lilas et roses dans une coupe en verre.*

Haut., 36 cent.; larg., 29 cent.

25 — *Bouquet de fleurs et vase blanc sur fond rouge.*

Haut., 58 cent.; larg., 43 cent.

26 — *Giroflées dans une coupe en faïence de Rouen.*

Haut., 45 cent.; larg., 29 cent.

27 — *Bouquet de fleurs.*

Haut., 40 cent.; larg., 26 cent.

28 — *Lilas dans un vase d'or, posés sur une draperie.*

Haut., 97 cent.; larg., 70 cent.

29 — *Boules de neige et pivoines.*

Haut., 90 cent.; larg., 62 cent.

30 — *Bouquet de fleurs.*

Haut , 43 cent.; larg.. 31 cent.

31 — *Roses sur une draperie blanche.*

Haut., 33 cent.; larg., 26 cent.

32 — *Fleurs de pommier et roses.*

Haut., 58 cent.; larg.. 43 cent.

33 — *Fleurs tombées à terre.*

Haut., 33 cent.; larg., 26 cent.

34 — *Nature morte.*

Pêches, raisins et melon.

Haut., 74 cent.; larg., 57 cent.

35 — *Pêches et fruits dans un plat d'or.*

Haut., 92 cent.; larg., 63 cent.

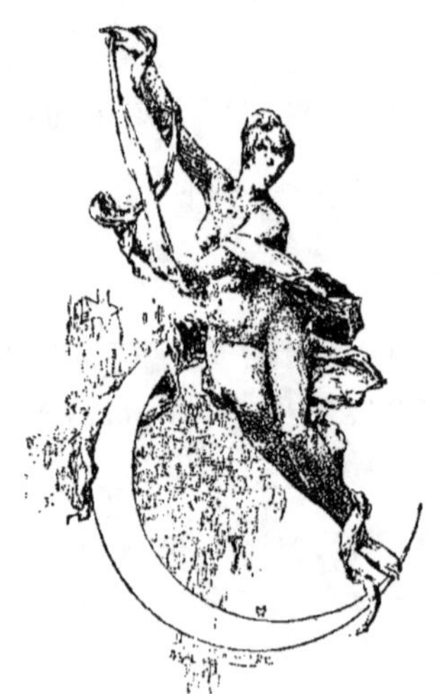